Winzig kleine Babyfüße bezaubern uns und laden dazu ein, gestreichelt und gewärmt zu werden. Ob als individuelles Geschenk zur Geburt eines lange ersehnten neuen Erdenbürgers oder in liebevoller Vorfreude auf den eigenen Nachwuchs genäht: Niedliche Babyschühchen kommen da gerade recht.

In diesem Buch finden Sie 15 entzückende Modelle für Mädchen und Jungen: Lustig-bunte Krabbelschuhe, elegante Ballerinas, kuschelwarme Winterstiefel oder raffinierte Schnürstiefelchen – alle Schühchen sind schnell genäht und lassen sich auch aus kleinen Stoffmengen herstellen.

Finden Sie Ihr Lieblingsmodell – oder gleich mehrere! Sie werden sehen: Bald hat Ihr kleiner Schatz seine eigene Schuhkollektion. Also machen Sie schon einmal Platz in Mamas Schuhschrank!

Viel Spaß beim Nähen wünscht Ihnen

Diese Schühchen haben alles, was junge Damen brauchen: Blümchen, Herzen und Schleifen.

 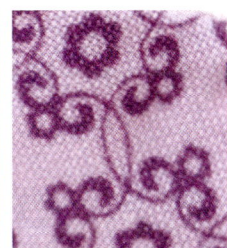 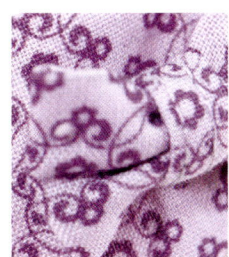

Herausgeputzt!

für die Dame von Welt

MATERIAL

* Oberstoff: Baum-
  wollstoff in Rosa
  mit Ornamenten,
  25 cm x 55 cm

* Futterstoff: Baum-
  wollstoff in Hellrosa,
  25 cm x 40 cm

* Vlieseline H 250,
  40 cm x 50 cm

* 2 Druckknöpfe

* farblich passendes
  Nähgarn

ZUSCHNITT

* Oberstoff
  2x „Schuh"
  2x „Sohle" (1x doppelt)
  4x „Riemchen"
  2x „Schleife"
  2x „Schleifenband"

* Futterstoff
  2x „Schuh"
  2x „Sohle" (1x doppelt)

* Vlieseline
  4x „Schuh"
  4x „Sohle" (2x doppelt)

SCHNITTMUSTER-
BOGEN 1A

GRUND-
ANLEITUNG
Schuh Variante 1

1 Alle Teile aus Oberstoff, Futterstoff und Vlieseline zuschneiden. Die Sohlen jeweils 1x in doppelter Stofflage zuschneiden, um zwei spiegelverkehrte Sohlen zu erhalten. Die Zuschnitte aus Vlieseline auf die linke Seite aller Teile „Sohle" und „Schuh" aufbügeln.

2 Das entsprechende Papierschnittteil unter alle Teile „Sohle" legen und an der Markierung C vorn am Schuh eine Stecknadel einstechen. Das passende Papierschnittteil unter alle Teile „Schuh" legen und die vordere Mitte an der Pfeilmarkierung mit einer Stecknadel markieren.

3 Ein Teil „Schuh" aus Oberstoff an der vorderen Mitte r-a-r falten, sodass beide Seiten genau aufeinanderliegen. Die offene Fersenkante mit 1 cm NZG zusammennähen und die NZG auseinanderbügeln.

4 Den fertigen Schuh und eine Sohle aus Oberstoff an der vorderen Mitte r-a-r übereinanderlegen, sodass die Nadeln genau aufeinandertreffen. Die Teile zusammenstecken und ausgehend von der vorderen Mitte den Schuh mit 3 mm NZG an die Sohle nähen, dabei 3 cm vor der Ferse stoppen. Die zweite Rundung ebenso nähen. Die abschließende Fersenrundung in kleinen Abschnitten von der Ferse ausgehend nähen und die NZG im Fersenbereich dabei auseinanderklappen.

Weiter geht es auf Seite 4

5 Den Schuh aus Futterstoff ebenso anfertigen, dabei jedoch 7 mm als NZG verwenden, damit der Schuh etwas kleiner wird und später perfekt in den Oberschuh passt. Seitlich am Schuh aus Futterstoff eine Wendeöffnung von 3 cm lassen. Die NZG an der Sohle um 4 mm kürzen, dabei jedoch an der Wendeöffnung die volle NZG stehen lassen.

6 Den Schuh aus Futterstoff auf rechts wenden und in den auf links liegenden Oberschuh hineinstecken, sodass die oberen offenen Kanten bündig liegen. Die NZG an der Ferse beider Schuhe dabei auseinanderklappen und darauf achten, dass die Nähte passgenau übereinanderliegen. Dann beide Schuhe am oberen Rand mit 5 mm

NZG zusammensteppen. NZG um 3 mm kürzen.

7 Den Schuh durchs Futter wenden und alle Rundungen gut ausformen. NZG an der Wendeöffnung nach innen klappen und die Öffnung im Futterstoff knappkantig schließen oder von Hand im Matratzenstich unsichtbar zunähen. Futterschuh in den Oberschuh einlegen und nochmals alle Rundungen gut ausformen.

8 Je 2 Teile „Riemchen" r-a-r übereinanderlegen und ausgehend von der Mitte einmal rundherum mit 5 mm NZG zusammensteppen, dabei mittig an einer Seite eine Wendeöffnung von 2-3 cm lassen. NZG um 2 mm kürzen und das Riemchen auf rechts wenden. NZG an der Wendeöffnung nach innen legen und Öffnung mit einer Stecknadel schließen. Den Riemen bügeln und rundherum 2 mm breit absteppen, dabei wird die Wendeöffnung automatisch geschlossen.

9 Das Riemchen wie im Schnittteil „Schuh" eingezeichnet an einer Seite an den Schuh nähen. Beim rechten Schuh wird der Riemen an die linke Seite genäht, beim linken Schuh an die rechte. Anschließend Druckknöpfe anbringen.

10 Ein Teil „Schleifenband" mit der rechten Stoffseite auf das Bügelbrett legen und beide Längsseiten jeweils 5 mm nach links umbügeln. Dann das gesamte Band nochmal in der Mitte falten und bügeln. Die langen Seiten

2 mm breit absteppen. Dann zum Ring falten, sodass eine kleine Schlaufe entsteht und das Ende 5 mm breit absteppen. NZG um 3 mm kürzen und den Ring wenden, sodass die Naht innen liegt.

11 Ein Teil „Schleife" mittig längs r-a-r falten und die offene Kante 1 cm breit absteppen. NZG auf der Rückseite auseinanderbügeln und den Schlauch auf rechts wenden. Schleife mittig falten, sodass eine Schlaufe entsteht und das offene Ende 5 mm breit absteppen. Die NZG um 3 mm kürzen, den Ring auf rechts wenden und die NZG mittig positionieren. Fertige Schleife einmal längs mittig falten und beide Seitenkanten dann nochmal nach unten bzw. oben falten, sodass eine typische Schleifenfaltung entsteht. In der Mitte zusammendrücken und einen Faden zur Fixierung herumwickeln und verknoten.

12 Den kleinen Ring über die Schleife stülpen und bis zur Mitte schieben. Fertige Schleife mittig an die Vorderseite des Schuhs nähen. Den 2. Schuh genauso arbeiten.

Schicke Abnäher und
Schnürsenkel aus
Satinband lassen diese
Schuhe sehr raffiniert
wirken.

Fein gemacht!

für seriöse Herren

MATERIAL

* Oberstoff: Baumwoll-
  stoff in Hellblau-Grün
  kariert, 25 cm x 55 cm

* Futterstoff: Baum-
  wollstoff in Hellgrau,
  25 cm x 55 cm

* Vlieseline H 250,
  40 cm x 55 cm

* Filz in Hellblau,
  1-2 mm dick,
  14 cm x 30 cm

* Satinband in Hellblau,
  1 m lang

* farblich passendes
  Nähgarn

* Lochzange

ZUSCHNITT

* Oberstoff
  2x „Schuh"
  2x „Lasche"
  2x „Sohle" (1x doppelt)

* Futterstoff
  2x „Schuh"
  2x „Lasche"
  2x „Sohle" (1x doppelt)

* Vlieseline
  4x „Schuh"
  4x „Lasche"
  4x „Sohle" (2x doppelt)

* Filz
  2x „Abnäher Lasche"
  2x „Abnäher Schuh"

* Satinband
  2x 50 cm

SCHNITTMUSTER-
BOGEN 2A

1 Alle Teile aus Oberstoff, Futterstoff und Vlieseline zuschneiden. Die Sohlen jeweils 1x in doppelter Stofflage
zuschneiden, um zwei spiegelverkehrte Sohlen zu erhalten.
Die Zuschnitte aus Vlieseline jeweils auf die linke Seite der
entsprechenden Stoffteile bügeln.

2 Je 1 Teil „Schuh" aus Ober- und Futterstoff r-a-r übereinanderlegen und entlang der inneren Kante (siehe Markierung
im Schnitt) mit 5 mm NZG zusammennähen. Anschließend
die NZG um 2 mm kürzen und das Teil auf rechts wenden.
Alle Rundungen schön ausformen und bügeln.

3 Je 1 Teil „Lasche" aus Ober- und Futterstoff r-a-r überein-
anderlegen und entlang der Rundung (siehe Markierung im
Schnitt) mit 5 mm NZG zusammennähen. Die gerade untere
Kante bleibt dabei als Wendeöffnung offen. Anschließend die
NZG um 2 mm kürzen und die Lasche auf rechts wenden. Alle
Rundungen schön ausformen und bügeln.

Weiter geht es auf Seite 6

4 Die Lasche r-a-l hinter die Aussparung im zusammengenähten Schuhteil legen. Die obere Kante der Lasche schließt dabei bündig mit dem Rand der Aussparung ab. Die untere offene Kante der Lasche von innen an den Schuh steppen. Ein Teil „Abnäher Lasche" auf die rechte Stoffseite bündig um die Aussparung legen und rundherum knappkantig feststeppen. Dabei darauf achten, die Lasche nicht mit anzunähen.

5 Ein Teil „Abnäher Schuh" an die untere Rundung auf die rechte Stoffseite des Schuhs legen und die obere Kante knappkantig an den Schuh steppen. Die untere Kante bleibt offen.

6 An der Ferse beide Stofflagen des Schuhs auseinanderklappen, sodass die Naht mittig liegt. Jeweils die beiden Enden von Ober- bzw. Futterstoff r-a-r übereinanderlegen und die Fersennaht mit 1 cm NZG schließen. Beide Lagen wieder zusammenklappen, sodass die Nähte genau übereinanderliegen. Die vordere Mitte des Schuhs laut Pfeil im Schnitt mit einer Stecknadel markieren.

7 Je 1 Sohle aus Ober- und Futterstoff l-a-l übereinanderlegen und rundherum mit einem schmalen Zickzackstich zusammennähen. Das entsprechende Papierschnittteil unter die Sohle legen und bei Markierung D eine Stecknadel platzieren.

8 Den Schuh und die Sohle r-a-r bündig so übereinanderlegen, dass die Stecknadeln genau aufeinandertreffen. Eine Nadel entfernen, die andere durch beide Lagen stechen. Ausgehend von der vorderen Mitte den Schuh mit 5 mm NZG bis 3 cm vor die Ferse an die Sohle nähen. Die zweite Rundung ebenso nähen. Die abschließende Fersenrundung in kleinen Abschnitten von der Ferse ausgehend nähen und die NZG im Fersenbereich dabei auseinanderklappen. Die NZG an der Sohle um 2 mm kürzen und den Rand der Sohle mit einem engen schmalen Zickzack- oder Overlockstich versäubern.

9 Mit der Lochzange Löcher in den Abnäher an der Aussparung des Schuhs stanzen wie im Schnitt markiert und das Satinband einfädeln. Den 2. Schuh genauso arbeiten.

Mein Tipp für Sie

Ösen und Schnürsenkel Wenn Sie möchten, können Sie die Löcher auch mit Ösen verstärken und statt Satinband echte Schnürsenkel verwenden.

Auf leisen Sohlen

schleichen wie ein Indianer

MATERIAL

* Oberstoff: Velourleder
  in Braun, 27 cm x 50 cm

* Futterstoff: Velourleder
  in Weiß, 27 cm x 50 cm

* Klettband, 1 cm breit,
  15 cm lang

* farblich passendes
  Nähgarn

ZUSCHNITT

* Oberstoff
  2x „Vorderteil unten"
  2x „Vorderteil oben"
  4x „Seite"
  2x „Sohle" (1x doppelt)
  2x „Fransen"

* Futterstoff
  2x „Vorderteil unten"
  2x „Vorderteil oben"
  4x „Seite"
  2x „Sohle" (1x doppelt)

* Klettband
  Größe 14/15: 2x 5,5 cm
  (1x Haken, 1x Flausch)
  Größe 16/17: 2x 6 cm
  (1x Haken, 1x Flausch)
  Größe 18/19: 2x 6,2 cm
  (1x Haken, 1x Flausch)

SCHNITTMUSTER-
BOGEN 2A

1 Alle Teile aus Oberstoff und Futterstoff zuschneiden. Die Sohlen jeweils 1x in doppelter Stofflage zuschneiden, um zwei spiegelverkehrte Sohlen zu erhalten.

2 Jeweils 1 Teil „Vorderteil unten" aus Oberstoff und Futterstoff l-a-l übereinanderlegen und rundherum mit Zickzackstich zusammennähen. Ebenso jeweils Ober- und Futterstoff der Teile „Vorderteil oben", „Seite" und „Sohle" l-a-l zusammennähen.

3 Die lange Seite des Teils „Vorderteil oben" l-a-l mit 5 mm NZG und Zickzackstich an die obere schmale Rundung des Teils „Vorderteil unten" nähen, sodass an der rechten Stoffseite (= Oberstoff) eine sichtbare Naht entsteht. Die beiden langen Seitenkanten der Teile „Seite" l-a-l mit 5 mm NZG und Zickzackstich an beide Seiten des zusammengenähten Vorderteils steppen.

4 Je 1 Streifen Klettband (Haken & Flausch) an die offenen Fersenkanten der Seitenteile nähen, sodass nach unten 1 cm Platz bleibt. Dabei einen Klettstreifen an der Außenseite eines Seitenteils und den anderen Streifen an der Innenseite des Gegenstücks annähen. Klettverschluss an der Ferse des Schuhs schließen und das untere offene Ende (1 cm) mit Zickzackstich zusammennähen. Den Schuh auf links wenden.

5 Das Papierschnittteil unter die Sohle legen und bei Markierung D eine Stecknadel einstechen. Den fertigen Schuh quer mittig falten und an der vorderen Mitte ebenfalls eine Stecknadel setzen. Den Schuh mit dem Vorderteil r-a-r auf die Sohle legen, sodass beide Nadeln genau übereinanderliegen. Ausgehend von der vorderen Mitte den Schuh an die Sohle steppen, dabei 3 cm vor der Ferse stoppen. Die zweite Rundung ebenso nähen. Die abschließende Fersenrundung in kleinen Abschnitten von der Ferse ausgehend nähen.

6 NZG an der Sohle um 2 mm kürzen und ringsherum mit einem kurzen engen Zickzack- oder Overlockstich versäubern. Schuh wenden und die Rundungen schön ausformen.

7 Das Teil „Fransen" wie auf dem Papierschnitt eingezeichnet senkrecht einschneiden. Den Streifen mit den Fransen l-a-r an die obere Kante des Schuhs legen und knappkantig aufsteppen. Den 2. Schuh genauso arbeiten.

Sommer, Sonne, Sonnenschein

schick im Sandkasten

MATERIAL

* Oberstoff: Baumwollstoff
  in Beige mit Herzchen,
  25 cm x 40 cm

* Futterstoff: Baumwollstoff in
  Beige, 15 cm x 35 cm

* Vlieseline H 630, 23 cm x 28 cm

* Vlieseline H 250, 15 cm x 18 cm

* Gummiband, 5 mm breit,
  17 cm lang

* Sicherheitsnadel

* 2 Satinrosen

* Handnähnadel

* farblich passendes Nähgarn

ZUSCHNITT

* Oberstoff
  4x „Vorderteil"
  2x „Rückteil"

* Futterstoff
  4x „Sohle" (2x doppelt)

* Vlieseline H 630
  4x „Vlies-Sohle" (2x doppelt)
  4x „Vlies-Vorderteil"

* Vlieseline H 250
  2x „Sohle" (1x doppelt)
  2x „Vorderteil"

* Gummiband
  Größe 14/15: 2x 7,5 cm
  Größe 16/17: 2x 8 cm
  Größe 18/19: 2x 8,5 cm

SCHNITTMUSTER-
BOGEN 1A

1 Alle Teile aus Oberstoff, Futterstoff und Vlieseline zuschneiden. Die Sohlen jeweils 1x in doppelter Stofflage zuschneiden, um zwei spiegelverkehrte Sohlen zu erhalten. Die Zuschnitte aus Vlieseline H 250 auf die linke Seite von 2 Sohlen und 2 Vorderteilen bügeln. Anschließend alle Zuschnitte aus Vlieseline H 630 auf die linken Seiten der entsprechenden Stoffteile bügeln. An 2 Sohlen und 2 Vorderteilen das H 630 über das H 250 bügeln.

2 Ein Rückteil längs r-a-r zur Mitte falten und die offene lange Kante 5 mm breit zusteppen. Die NZG um 2 mm kürzen und das Teil wenden und bügeln, sodass die Naht mittig liegt.

3 An einem Ende des Gummibands die Sicherheitsnadel befestigen. Dann das Band mit der Nadel durch den Schlauch des Rückteils schieben, bis der Gummi am Ende bündig mit der Kante abschließt. Über diese Stelle mehrfach knappkantig steppen und den Gummi so fixieren. Das Band weiter durch das Rückteil schieben, bis es auch auf der anderen Seite bündig liegt und das Ende hier ebenfalls feststeppen.

4 Die beiden Enden des fertigen Rückteils r-a-r an die Markierungen „A" und „B" am Teil „Vorderteil" (mit H 250 und H 630) anlegen. Die offenen Kanten liegen dabei bündig an der Kante des Vorderteils, die entstandene Schlaufe zeigt zur Schuhspitze. Darauf achten, das Teil nicht in sich zu verdrehen. Knappkantig am Vorderteil fest-

steppen. Das zweite Vorderteil (nur H 630) r-a-r darüberlegen und mit einigen Stecknadeln fixieren. Die Schlaufe liegt dabei zwischen den Teilen. Die obere und untere Rundung wie im Schnitt eingezeichnet 5 mm breit absteppen. Anschließend die NZG um 2 mm kürzen und das Vorderteil auf rechts wenden.

5 Auf 2 spiegelverkehrte Sohlen das entsprechende Papierschnittteil legen und an allen vier Markierungen E eine Stecknadel einstechen. Das Vorderteil l-a-r auf eine Sohle legen, sodass die noch offenen Seitenkanten des Vorderteils genau zwischen den Nadeln liegen. Vorderteil an beiden Seiten knappkantig an die Sohle steppen.

6 Eine spiegelverkehrte Sohle r-a-r auf die Sohle mit Vorderteil legen. Die Teile rundherum mit 5 mm NZG zusammennähen und dabei an einer äußeren Kante eine Wendeöffnung lassen. Gummizug und Vorderteil liegen beim Zusammennähen komplett im Inneren zwischen beiden Sohlen.

7 Den Schuh wenden und alle Rundungen schön ausformen. NZG an der Wendeöffnung nach innen klappen und die Öffnung im Matratzenstich von Hand schließen. Den 2. Schuh genauso arbeiten.

Kleiner Eisbär

spiel mit mir!

MATERIAL

* Oberstoff: Fleecestoff in Hellblau mit Eisbärmotiv, 30 cm x 30 cm
* Futterstoff: Fleecestoff in Hellblau, 30 cm x 30 cm
* Schleifenband in Weiß, 1 cm breit, 50 cm lang
* farblich passendes Nähgarn

ZUSCHNITT

* Oberstoff
  4x „Seitenteil" (2x doppelt)
  2x „Sohle" (1x doppelt)
  2x „Rückteil"
* Futterstoff
  4x „Seitenteil" (2x doppelt)
  2x „Sohle" (1x doppelt)
  2x „Rückteil"

SCHNITTMUSTER-BOGEN 1B

1 Alle Teile aus Ober- und Futterstoff zuschneiden. Sohlen und Seitenteile werden jeweils in doppelter Stofflage zugeschnitten, um zwei spiegelverkehrte Teile zu erhalten.

2 Die beiden Seitenteile aus Oberstoff r-a-r übereinander legen und an der runden Kante mit 5 mm NZG zusammennähen (siehe Markierung im Schnitt).

3 Das Rückteil aus Oberstoff laut Markierungen 1 und 2 im Schnitt r-a-r an die beiden langen offenen Seiten des Schuhs aus Oberstoff stecken, sodass ein geschlossener Schlauch entsteht. Das Schleifenband mittig falten und an der im Schnitt markierten Stelle mit den offenen Kanten nach innen zwischen die Stofflagen schieben, der Falz steht nach außen. Nun die Teile mit 5 mm NZG zusammennähen, das Band dabei mitfassen.

4 Das entsprechende Papierschnittteil unter die Sohle aus Oberstoff legen und an der Markierung D eine Nadel einstechen. Die Sohle r-a-r an den Schuh aus Oberstoff legen, sodass die Nadel genau auf die vordere Mittelnaht trifft. Ausgehend von der vorderen Mitte Sohle und Schuh bündig bis zur Ferse mit 5 mm NZG zusammennähen. Dann die zweite Naht ebenfalls von vorne nach hinten schließen.

5 Den Schuh aus Futterstoff ebenso anfertigen, dabei jedoch 7 mm als NZG verwenden, damit der Schuh etwas kleiner wird und später perfekt in den Oberschuh passt. Eine Wendeöffnung von 2-3 cm lassen. Schuh aus Futterstoff auf rechts wenden und in den auf links liegenden Außenschuh stecken. Dabei darauf achten, dass alle Nähte passgenau übereinanderliegen und die Nahtzugaben an der Ferse auseinanderklappen. An der Oberkante beide Schuhe mit 5 mm NZG rundherum zusammennähen.

6 Den Schuh durch das Futter wenden und alle Rundungen gut ausformen. NZG an der Wendeöffnung nach innen klappen und die Öffnung im Futterstoff knappkantig schließen oder von Hand im Matratzenstich unsichtbar zunähen. Futterschuh in den Oberschuh einlegen und nochmals alle Rundungen gut ausformen.

An diesen Schühchen
ist alles festlich: zarter
Spitzenstoff, Röschen
und feines Satinband.

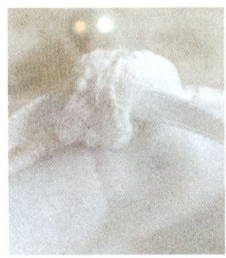

Heut gibt's ein Fest ...

Ballerinas für besondere Gelegenheiten

MATERIAL

* Oberstoff: Spitzenstoff
  in Weiß, 30 cm x 45 cm

* Futterstoff: Baum-
  wollstoff in Weiß,
  30 cm x 35 cm

* Vlieseline H 250,
  35 cm x 55 cm

* Satinband in Weiß,
  1 cm breit, 58 cm lang

* Gummiband,
  5 mm breit, 7 cm lang

* 2 Knöpfe

* farblich passendes
  Nähgarn

* Handnähnadel

* 2 Sicherheitsnadeln

ZUSCHNITT

* Oberstoff
  2x „Schuh"
  2x „Sohle" (1x doppelt)
  2x „Gummizug"
  2x „Blume"

* Futterstoff
  2x „Schuh"
  2x „Sohle" (1x doppelt)

* Vlieseline
  4x „Schuh"
  4x „Sohle" (2x doppelt)

* Satinband
  2x 4 cm
  2x 25 cm

SCHNITTMUSTER-BOGEN 1B

GRUND-ANLEITUNG
Schuh Variante 1

1 Alle Teile aus Oberstoff, Futterstoff und Vlieseline zuschneiden. Die Sohlen jeweils in doppelter Stofflage zuschneiden, um zwei spiegelverkehrte Sohlen zu erhalten. Die Zuschnitte aus Vlieseline auf die linke Seite aller Teile „Sohle" und „Schuh" aufbügeln.

2 Ein Teil „Schuh" an der vorderen Mitte r-a-r falten, sodass beide Seiten genau aufeinanderliegen. Die offene Fersenkante mit 1 cm NZG zusammennähen und die NZG auseinanderbügeln. Dann die vordere Mitte mit einer Stecknadel markieren.

3 Alle vier Sohlen auf das entsprechende Papierschnittteil legen und an Markierung C eine Stecknadel einstechen. Einen fertigen Schuh und eine Sohle aus Oberstoff an der vorderen Mitte r-a-r übereinanderlegen, sodass die Nadeln genau aufeinandertreffen. Die Teile zusammenstecken und ausgehend von der vorderen Mitte den Schuh mit 3 mm NZG an die Sohle nähen und dabei 3 cm vor der Ferse stoppen. Die zweite Rundung ebenso nähen. Die abschließende Fersenrundung in kleinen Abschnitten von der Ferse ausgehend nähen und die NZG im Fersenbereich dabei auseinanderklappen.

Weiter geht es auf Seite 16

4 Den Schuh aus Futterstoff ebenso anfertigen, dabei jedoch 7 mm als NZG verwenden, damit der Schuh etwas kleiner wird und später perfekt in den Oberschuh passt. Seitlich am Schuh aus Futterstoff eine Wendeöffnung von 3 cm offen lassen. Die NZG an der Sohle um 4 mm kürzen, dabei jedoch an der Wendeöffnung die volle NZG stehen lassen.

5 Ein Teil „Gummizug" einmal längs mittig r-a-r falten, dann die offene lange Kante mit 5 mm NZG absteppen. NZG um 2 mm kürzen und den Schlauch auf rechts wenden. Anschließend bügeln, sodass die Naht mittig liegt. Ein 7 cm langes Stück Gummiband beidseitig mit Sicherheitsnadeln versehen und durch den Schlauch zie-

hen, bis ein Ende bündig zum Ende des Schlauchs liegt. Knappkantig 2x darübersteppen, um das Gummiband zu fixieren. Dann das Gummiband zur anderen Seite durchschieben, 2 cm aus dem Schlauch ziehen und ebenfalls fixieren. Sicherheitsnadeln entfernen und überstehendes Gummiband abschneiden.

6 Den fertigen Gummizug mit der Naht nach oben laut Markierung im Papierschnittteil „Schuh" quer in den Schuh aus Oberstoff legen (die Enden stehen nach oben bündig zur Schuhoberkante, das Band wölbt sich in den Schuh hinein) und auf beiden Seiten knappkantig feststeppen.

7 Ein 4 cm langes Stück Satinband zu einer Schlaufe falten. Mit den offenen Kanten nach oben innen an die Fersenkante des Schuhs aus Oberstoff legen, sodass die Schlaufe nach unten zur Sohle zeigt, und knappkantig feststeppen.

8 Schuh aus Futterstoff auf rechts wenden und in den auf links liegenden Oberschuh hineinstecken, sodass die oberen offenen Kanten bündig liegen. Die NZG an der Ferse beider Schuhe dabei auseinanderklappen und darauf achten, dass die Nähte passgenau übereinanderliegen. Dann beide Schuhe am oberen Rand mit 5 mm NZG zusammensteppen. NZG um 2 mm kürzen.

9 Den Schuh durchs Futter wenden

und alle Rundungen gut ausformen. NZG an der Wendeöffnung nach innen klappen und die Öffnung im Futterstoff knappkantig schließen oder von Hand im Matratzenstich unsichtbar zunähen. Futterschuh in den Oberschuh einlegen und nochmals alle Rundungen gut ausformen.

10 Mit einem ca. 30 cm langen Faden von Hand entlang der Rundung des Teils „Blume" ca. 1 cm lange Vorstiche nähen. Damit den Kreis zusammenraffen, Fäden verknoten und abschneiden. In der Mitte einen Knopf aufnähen und die Blume an die Außenseiten der Schuhe, direkt am Gummizug annähen.

11 Ein 25 cm langes Stück Satinband durch die Schlaufe an der Ferse fädeln und vorn am Fuß zur Schleife binden. Den 2. Schuh genauso arbeiten.

Diese rot-weißen Schüh-
chen sind gleichzeitig
rustikal, zünftig und so
niedlich!

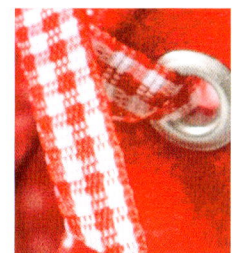  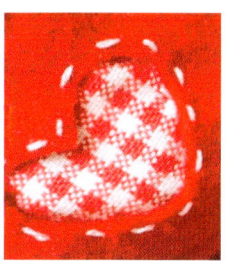

Wiesnflitzer

herzig-trachtig im Karo-Look

MATERIAL

* Oberstoff: Wollfilz
  in Rot, 1 mm dick,
  35 cm x 35 cm

* Futterstoff: Baumwoll-
  stoff in Rot-Weiß
  kariert, 30 cm x 50 cm

* Vlieseline H 250,
  30 cm x 50 cm

* Schleifenband in
  Rot-Weiß kariert,
  5 mm breit, 45 cm lang

* 4 Ösen, ø 4 mm

* Loch- oder Ösenzange

* 2 kleine Satinrosen
  in Rot

* Nagelschere

* Handnähnadel

* farblich passendes
  Nähgarn

* Heftgarn in Weiß

ZUSCHNITT

* Oberstoff
  2x „Schuh"
  2x „Sohle" (1x doppelt)

* Futterstoff
  2x „Schuh"
  2x „Sohle" (1x doppelt)
  2x „Einsatz vorn"
  4x „Herz Hintergrund"

* Vlieseline
  2x „Schuh"
  2x „Sohle" (1x doppelt)
  2x „Einsatz vorn"
  4x „Herz Hintergrund"

**SCHNITTMUSTER-
BOGEN 1B**

**GRUND-
ANLEITUNG**
Schuh Variante 1

1 Alle Teile aus Oberstoff, Futterstoff und Vlieseline zuschneiden. Dabei im Oberstoff auch die Herzchen bereits
ausschneiden. Die Sohlen jeweils 1x in doppelter Stofflage
zuschneiden, um zwei spiegelverkehrte Sohlen zu erhalten.
Die Zuschnitte aus Vlieseline jeweils auf die linke Seite der
entsprechenden Futterstoffteile bügeln.

2 Je 1 Teil „Herz Hintergrund" mit je 2 Stecknadeln hinter
die Herz-Ausschnitte im Filz heften. 2 mm vom Rand entfernt
entlang der Herzkontur von Hand mit Heftstichen in Weiß
annähen.

3 Ein Teil „Schuh" aus Oberstoff an der vorderen Mitte r-a-r
falten, sodass beide Seiten genau aufeinanderliegen. Die
offene Fersenkante mit 1 cm NZG zusammennähen und die
NZG auseinanderbügeln.

4 Ein Teil „Einsatz vorn" mittig r-a-r falten, sodass ein
Halbkreis entsteht. An der offenen Rundung entlang mit
5 mm NZG nähen und dabei in der Mitte eine 2 cm große
Wendeöffnung lassen. NZG um 2 mm kürzen, Teil wenden
und die Ecken schön ausformen. An der Wendeöffnung
die NZG nach innen schlagen und die Öffnung knappkantig
zusteppen.

Weiter geht es auf Seite 18

5 Bei einem Teil „Schuh" aus Oberstoff die vordere Mitte mit einer Stecknadel markieren. Das entsprechende Papierschnittteil unter alle Teile „Sohle" legen und an Markierung D eine Stecknadel in die Sohle stechen.

6 Den fertigen Schuh und eine Sohle aus Oberstoff an der vorderen Mitte r-a-r übereinanderlegen, sodass die Nadeln genau aufeinandertreffen. Die Teile zusammenstecken und ausgehend von der vorderen Mitte den Schuh mit 3 mm NZG an die Sohle nähen und dabei 3 cm vor der Ferse stoppen. Die zweite Rundung ebenso nähen. Die abschließende Fersenrundung in kleinen Abschnitten von der Ferse ausgehend nähen und die NZG im Fersenbereich dabei auseinanderklappen.

7 Den Schuh aus Futterstoff ebenso anfertigen, dabei jedoch 7 mm als NZG verwenden, damit der Schuh etwas kleiner wird und später perfekt in den Oberschuh passt. Seitlich am Schuh aus Futterstoff eine Wendeöffnung von 3 cm lassen. Die NZG an der Sohle um 4 mm kürzen, dabei jedoch an der Wendeöffnung die volle NZG stehen lassen.

8 Den Schuh aus Futterstoff auf rechts wenden und in den auf links liegenden Oberschuh hineinstecken, sodass die oberen offenen Kanten bündig liegen. Die NZG an der Ferse beider Schuhe dabei auseinanderklappen und darauf achten, dass die Nähte passgenau übereinanderliegen. Dann beide Schuhe am oberen Rand mit 5 mm NZG zusammensteppen. NZG um 3 mm kürzen.

9 Den Schuh durchs Futter wenden und alle Rundungen gut ausformen. NZG an der Wendeöffnung nach innen klappen und die Öffnung im Futterstoff knappkantig schließen oder von Hand im Matratzenstich unsichtbar zunähen. Futterschuh in den Oberschuh einlegen und nochmals alle Rundungen gut ausformen.

10 Ein Teil „Einsatz vorn" mittig vorne in den Schuh setzen und mit Stecknadeln fixieren. Dann die Oberkante des Schuhs 4 mm breit absteppen, dabei den Einsatz aussparen. Den Einsatz 4 mm vom Schuhrand entfernt von Hand an den Schuh heften, auf diese Weise die Aussparung in der Steppnaht schließen.

11 Eine Satinrose am Vorderteil des Schuhs von Hand aufnähen. An beiden Seiten des Schuhs entsprechend der Markierung im Papierschnitt mit der Lochzange ein Loch stanzen, jedes Loch mit einer Öse verschließen. Das Schleifenband durchziehen und eine Schleife binden. Den 2. Schuh genauso arbeiten.

Mit vielen raffinierten Details kommen kleine Füße in diesen sportlichen Stiefelchen ganz groß raus!

  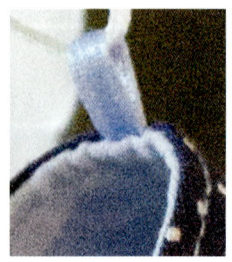

Wie die Großen!

coole Stiefel zum Schnüren

MATERIAL

* Oberstoff: Baumwollstoff in Dunkelblau mit weißen Punkten, 30 cm x 50 cm
* Futterstoff: Baumwollstoff in Hellblau, 30 cm x 50 cm
* Filz in Hellblau, 1-2 mm dick, 20 cm x 20 cm
* Vlieseline H 250, 30 cm x 55 cm
* Satinband in Hellblau, 4-5 mm breit, 140 cm lang
* 20 Ösen, ø 4 mm
* Loch- oder Ösenzange
* farblich passendes Nähgarn

ZUSCHNITT

* Oberstoff
  2x „Vorderteil"
  2x „Rückteil"
* Futterstoff
  2x „Vorderteil"
  2x „Rückteil"
  2x „Sohle" (1x doppelt)
* Filz
  2x „Sohle" (1x doppelt)
  2x „Filz vorn"
* Vlieseline
  4x „Vorderteil"
  4x „Rückteil"
  4x „Sohle" (1x doppelt)
* Satinband
  2x Schlaufe 4 cm
  2x Schnürsenkel 136 cm

SCHNITTMUSTER-BOGEN 1B

GRUND-ANLEITUNG
Schuh Variante 3

1 Alle Teile aus Oberstoff, Futterstoff, Vlieseline und Filz zuschneiden. Die Sohlen jeweils 1x in doppelter Stofflage zuschneiden, um zwei spiegelverkehrte Sohlen zu erhalten. Die Zuschnitte aus Vlieseline jeweils auf die linke Seite der entsprechenden Stoffteile bügeln.

2 Je 1 Sohle aus Filz und aus Futterstoff l-a-l übereinanderlegen und rundherum mit schmalem Zickzackstich zusammennähen.

3 Ein kurzes Satinbandstück mittig falten und mit den offenen Kanten nach oben (Schlaufe zeigt nach unten in den Schuh) am oberen Rand eines Rückteils aus Oberstoff mittig r-a-r feststeppen.

4 Ein Teil „Filz vorn" an einem Vorderteil aus Oberstoff anlegen und die obere Rundung knappkantig feststeppen.

Weiter geht es auf Seite 22

5 Je 1 Rückteil aus Oberstoff und Futterstoff r-a-r übereinander legen. Den oberen und seitlichen Rand wie im Papierschnitt eingezeichnet 5 mm breit absteppen, sodass die komplette untere Kante als Wendeöffnung bleibt. NZG um 2 mm kürzen und das Teil auf rechts wenden. Alle Rundungen und Ecken schön ausformen und das Teil glattbügeln. Ebenso zwei Vorderteile aus Oberstoff und Futterstoff r-a-r zusammennähen, die vordere Rundung offen lassen.

6 Am Rückteil die äußere obere Kante nochmals 5 mm breit absteppen wie im Papierschnitt eingezeichnet, die untere Kante wieder offen lassen. In der Mitte des Rückteils das Papierschnitt-teil „Abnäher Ferse" anlegen und mit

einer Stecknadel fixieren. Am Rand des Papiers entlangsteppen. Dann die zweite im Papierschnitt eingezeichnete Naht hinter den Ösen absteppen. Dafür mit 1,5 cm Abstand dem Verlauf der eben genähten Linie folgen.

7 Die untere Mitte des Rückteils mit einer Stecknadel markieren (siehe Pfeil im Papierschnitt). Das entsprechende Papierschnittteil unter ein Teil „Sohle" legen und an Markierung B an der Ferse eine Stecknadel setzen. Die Unterkante des Rückteils r-a-r bündig an die Sohle legen, sodass beide Nadeln genau übereinanderliegen. Eine Nadel entfernen und die andere durch beide Lagen stechen. Ausgehend von der Nadel mit 5 mm NZG die Sohle an den Schuh steppen. Dabei die Rundung in kleinen Schritten arbeiten. Die zweite Rundung ebenfalls von der Nadel aus nähen.

8 Ein Vorderteil r-a-r auf der Sohle zentriert anlegen. Die Seiten des Vorderteils leicht anheben und darauf achten, dass der Filzabnäher zu beiden Seiten gleich viel Abstand hat. Mit einer Stecknadel in der vorderen Mitte fixieren und von dort ausgehend mit

Mein Tipp für Sie

Einfädeln Verwenden Sie eine schmale abgerundete Nadel, um das Satinband durch die Ösen zu fädeln.

5 mm NZG die Sohle an die vordere Kante des Vorderteils steppen. Dabei wird das bereits angenähte Fersenteil nach innen zum Schuh geklappt, da sich beide Teile am Rand um ein paar cm überlappen. Das Vorderteil bündig über das Fersenteil nähen. Anschließend die zweite Rundung ausgehend von der Nadel nähen.

9 NZG an der Sohle um 2 mm kürzen. Die Sohle rundherum mit einem Zickzack- oder Overlockstich versäubern. Schuh auf rechts wenden und alle Rundungen schön ausformen.

10 Mit der Lochzange laut Markierung im Schnitt pro Seite 5 Löcher für die Ösen stanzen. Ösen anbringen und Satinband einfädeln. Den 2. Schuh genauso arbeiten.

Blümchen, Spitze und ein Knopf mit pinkfarbenen Punkten: Diese niedlichen Details lassen jeden dahinschmelzen.

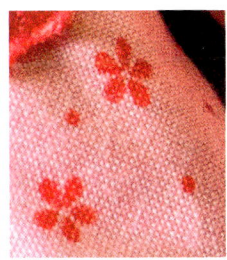

Klitzekleine Krabbelkäfer

vielseitig und schnell genäht

MATERIAL

* Oberstoff: Baumwollstoff in Rosa mit Streublümchen, 27 cm x 50 cm
* Futterstoff: Baumwollstoff in Rosa, 25 cm x 35 cm
* Vlieseline H 250, 27 cm x 60 cm
* Vliesofix, 16 cm x 16 cm
* 2 Knöpfe
* elastisches Spitzenband in Pink, ca. 1 cm breit, 40 cm lang
* Gummiband, 5 mm breit, 23 cm lang
* farblich passendes Nähgarn
* 2 Sicherheitsnadeln

ZUSCHNITT

* Oberstoff
  2x „Vorderteil"
  2x „Rückteil"
  2x „Sohle" (1x doppelt)
  2x „Kreis klein"

* Futterstoff
  2x „Vorderteil"
  2x „Sohle" (1x doppelt)
  2x „Kreis groß"

* Vlieseline
  2x „Rückteil"
  4x „Vorderteil"
  4x „Sohle" (1x doppelt)

* Vliesofix
  2x „Sohle" (1x doppelt)

* Gummiband
  Größe 14/15: 2x 10,5 cm
  Größe 16/17: 2x 11 cm
  Größe 18/19: 2x 11,5 cm

SCHNITTMUSTER-BOGEN 1A

GRUND-ANLEITUNG
Schuh Variante 2

1 Alle Teile aus Oberstoff, Futterstoff, Vlieseline und Vliesofix zuschneiden. Die Sohlen jeweils 1x in doppelter Stofflage zuschneiden, um zwei spiegelverkehrte Sohlen zu erhalten. Die Zuschnitte aus Vlieseline jeweils auf die linke Seite der entsprechenden Stoffteile bügeln. Bei den Sohlen auf eine Sohle jeweils übereinander 1x Vlieseline und 1x Vliesofix aufbringen.

2 Je 1 Teil „Sohle" aus Oberstoff und Futterstoff l-a-l aufeinanderlegen und rundherum mit einem engen Zickzackstich zusammennähen.

3 An einem Vorderteil aus Futterstoff mithilfe eines Nahttrenners oder einer kleinen Schere entsprechend den Markierungen auf dem Papierschnitt zwei schmale Schlitze einschneiden. Je 1 Vorderteil aus Oberstoff und Futterstoff r-a-r übereinanderlegen und an der Oberkante (Wellenform) mit 5 mm NZG zusammennähen. Die NZG um 2 mm kürzen, das fertige Vorderteil auf rechts wenden und bügeln.

...es auf Seite 25

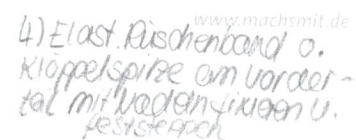

5 Das Vorderteil längs mittig falten und mit einer Stecknadel die vordere Mitte markieren. Unter die Sohle das entsprechende Papierschnittteil legen und auf der Futterstoff-Seite die Markierung D mithilfe einer Stecknadel markieren. Dann das Vorderteil mittig bündig r-a-r auf den vorderen Sohlenteil legen, sodass beide Nadeln direkt übereinanderliegen. Ausgehend von der vorderen Mitte Sohle und Vorderteil bündig mit 5 mm NZG zusammennähen. Die zweite Rundung ausgehend von der vorderen Mitte nähen.

6 Ein Rückteil entlang der Längskante mittig l-a-l falten. An der geschlossenen Kante 1 cm breit einen Tunnel für den Gummizug absteppen. Das fertige Rückteil einmal quer mittig falten und die hintere Mitte mit einer Stecknadel markieren. Unter die Sohle das entsprechende Papierschnittteil legen und auf der Futterstoff-Seite die Markierung A mithilfe einer Stecknadel markieren.

7 Sohle und Rückteil an der Ferse r-a-r aufeinander legen, sodass beide Nadeln genau übereinanderliegen. Ausgehend von der Fersenmitte die Teile bündig mit 5 mm NZG zusammennähen. Dann die zweite Rundung ausgehend von der Fersenmitte nähen.

8 An beiden Enden des Gummibands eine Sicherheitsnadel anbringen. Das Band durch den Tunnel an der Ferse ziehen und bis zum anderen Ende durchschieben. Weiter durch beide Schlitze im Futterstoff des Vorderteils ziehen. Nun an beiden Enden des Gummibands ziehen, sodass am Fersenteil eine Raffung entsteht. Die Enden übereinanderlegen und mit 1,5 cm NZG mehrfach zusammensteppen. NZG kürzen und das vernähte Ende des Gummis im Tunnel verschwinden lassen.

9 Die NZG an der Sohle des Schuhs um 2 mm kürzen und mit einem schmalen Zickzack- oder Overlockstich rundherum versäubern.

10 Den Schuh auf rechts wenden und die Rundungen ausformen. Zwei unterschiedlich große Kreise aus Oberstoff und Futterstoff übereinanderlegen und mittig einen Knopf aufnähen. Dann die Blüte außen an die Vorderseite des Schuhs nähen. Den 2. Schuh genauso arbeiten.

Manege frei!!

lustig-bunt für süße Clowns

MATERIAL

* Oberstoff 1: Sweatshirtstoff in Pink, 30 cm x 38 cm
* Oberstoff 2: Jerseystoff in Rot mit pinken Sternen, 19 cm x 19 cm
* Futterstoff: Jerseystoff in Rot mit pinken Sternen, 30 cm x 50 cm
* Filz, 1-2 mm dick, 5 cm x 5 cm
* Gummiband, 5 mm breit, 18 cm lang
* 2 Sicherheitsnadeln
* Handnähnadel
* Nähgarn in Pink und Weiß

ZUSCHNITT

* Oberstoff 1
  2x „Schuh" (2x im Bruch)
  2x „Sohle" (1x doppelt)
* Oberstoff 2
  2x „Einsatz"
* Futterstoff
  2x „Schuh" (2x im Bruch)
  2x „Einsatz"
  2x „Sohle" (1x doppelt)
* Filz
  6x „Knopf"
* Gummiband
  Größe 14/15: 2x 8 cm
  Größe 16/17: 2x 8,5 cm
  Größe 18/19: 2x 9 cm

SCHNITTMUSTER-BOGEN 2A

1 Alle Teile aus Oberstoff und Futterstoff zuschneiden. Die Teile „Sohle" je 1x in doppelter Stofflage zuschneiden, um zwei spiegelverkehrte Sohlen zu erhalten. Die Teile „Schuh" jeweils im Bruch zuschneiden, um je 1 zusammenhängendes symmetrisches Teil zu erhalten.

2 Drei Teile „Knopf" l-a-r auf einem Teil „Einsatz" aus Oberstoff 2 platzieren und rundherum mit einem einfachen Heftstich von Hand annähen. Dann mit einem Kontrastgarn ein Kreuz in die Mitte des Kreises sticken.

3 Die Mitte aller Stoffteile „Sohle", „Schuh" und „Einsatz" laut Pfeilen im Schnitt mit Stecknadeln kennzeichnen. Für die Sohle gilt die Markierung D.

4 Ein Teil „Schuh" aus Oberstoff 1 mit der runden Öffnung nach oben auf den Tisch legen. Ein Teil „Einsatz" mit der Rundung nach oben r-a-r an der Mitte der Rundung anlegen, sodass beide Nadeln aufeinandertreffen (der längere Teil des Einsatzes steht unten über den Schuh hinaus). Den kompletten Einsatz nun entlang der Rundung an den Schuh stecken und mit 5 mm NZG mit einem Geradstich festnähen. Den Stoff dabei nicht dehnen.

5 Den Schuh mit Einsatz mittig falten und die Fersennaht mit 5 mm NZG zusammennähen. Die vordere Mitte mit einer Stecknadel markieren.

6 Eine Sohle aus Oberstoff 1 r-a-r am Schuh anlegen, sodass beide Nadeln genau aufeinandertreffen. Beide Teile mit 3 mm NZG zusammennähen, den Stoff dabei nicht dehnen.

7 Den Schuh und den Einsatz aus Futterstoff ebenso zusammennähen. Am Schuh aus Futterstoff die Fersennaht mit 7 mm NZG schließen und den Schuh an die Sohle nähen, dabei an einer Seite eine 3-4 cm lange Wendeöffnung lassen. Die NZG an der Öffnung stehen lassen, rundherum um 3 mm kürzen.

8 Den Schuh aus Futterstoff auf rechts wenden und in den auf links liegenden Schuh aus Oberstoff stecken. Darauf achten, dass die Nähte beider Schuhe bündig übereinanderliegen und die offene obere Kante mit 1,5 cm NZG zusammensteppen. Eine weitere Naht mit 5 mm Zugabe steppen, dabei an der Ferse 2 cm offen lassen.

9 Je 1 Sicherheitsnadel an beiden Enden des Gummibands befestigen. Ein Ende durch den soeben genähten Tunnelzug schieben und bis zum anderen Ende durchfädeln. Das Band anziehen, beide Enden übereinanderlegen und bei 1 cm mehrfach darüber steppen. Sicherheitsnadeln entfernen, NZG zurückschneiden und den Gummi vollständig in den Schlauch schieben. Die Naht mit 5 mm Zugabe fertig nähen und so die Öffnung schließen. Die NZG um 2 mm kürzen.

10 Den Schuh auf rechts wenden. Die NZG an der Wendeöffnung nach innen klappen und im Matratzenstich von Hand schließen. Den Futterschuh in den Oberschuh einlegen und alle Rundungen schön ausformen. Den 2. Schuh genauso arbeiten.

Mein Tipp für Sie

Stoffmotive Wenn Sie für den Einsatz einen Stoff mit großem Motiv verwenden, können Sie die Filzknöpfe auch weglassen.

Musterknabe

raffiniert dekoriert

1 Alle Teile aus Ober- und Futterstoff zuschneiden. Die Sohlen jeweils 1x in doppelter Stofflage zuschneiden, um zwei spiegelverkehrte Sohlen zu erhalten. Mit der Lochzange die Löcher in die Verzierung und das Vorderteil aus Oberstoff stanzen.

2 Je 1 kleine Schleife auf eine große Schleife legen und mit einer Schlaufe umwickeln. Auf der Rückseite die Schlaufe von Hand zusammennähen, sodass sie fest sitzt. Dann die Schleife an die obere Lasche des Vorderteils aus Oberstoff nähen.

3 Je 1 Vorderteil aus Ober- und Futterstoff l-a-l übereinanderlegen und mit 2 mm NZG entlang der oberen Rundung wie im Schnitt eingezeichnet zusammensteppen. Die untere runde Kante bleibt dabei offen.

4 Je 1 Rückteil aus Ober- und Futterstoff l-a-l übereinanderlegen und mit ein paar Stecknadeln fixieren. Die Verzierung am oberen Rand bündig anlegen und ebenfalls fixieren. Zwei 4 cm lange Gummibänder wie im Schnitt eingezeichnet an der linken Seite des Rückteils mit ca. 1 cm Abstand jeweils 1 cm weit zwischen beide Stofflagen schieben und mit je 1 Nadel fixieren. Dann die gesamte Rundung des Rückteils wie im Schnitt eingezeichnet mit 2 mm NZG zusammennähen und dabei die Verzierung sowie beide Gummibänder mitfassen. Auf der rechten Seite ein Stück offen lassen, damit dort die Gummibänder eingesteckt werden können.

5 Die freien Enden der Gummibänder auf der rechten Seite des Rückteils 1 cm weit zwischen beide Stofflagen schieben und fixieren. Das offene Nahtstück von Hand oder vorsichtig mit der Nähmaschine steppen und dabei die Gummibänder mitfassen.

6 Je 1 Sohle aus Ober- und Futterstoff l-a-l übereinanderlegen und rundherum mit einem schmalen Zickzackstich zusammennähen. Das entsprechende Papierschnittteil unter die Sohle legen und an den Markierungen A und D jeweils eine Stecknadel einstechen. An Vorder- und Rückteil jeweils die vordere bzw. hintere Mitte ebenfalls markieren.

7 1 Vorderteil r-a-r an den vorderen Teil der Sohle anlegen, sodass beide Nadeln genau übereinanderliegen, und mit 5 mm NZG ausgehend von der vorderen Mitte an die Sohle nähen. Anschließend die zweite Rundung ebenfalls ausgehend von der Mitte nähen.

8 1 Rückteil r-a-r an die Ferse der Sohle legen, sodass beide Nadeln genau übereinanderliegen. Ausgehend von der Fersenmitte die erste Rundung an die Sohle nähen. Anschließend ausgehend von der Mitte die zweite Rundung nähen. Dabei das Vorderteil nach innen klappen. Das Rückteil überlappt das Vorderteil an den Seiten ein wenig, an diesen Stellen über beide Teile nähen.

9 Die NZG rund um die Sohle um 2 mm kürzen und mit einem kurzen engen Zickzack- oder Overlockstich versäubern. Den Schuh wenden und alle Rundungen schön ausformen. Den 2. Schuh genauso arbeiten.

Ahoi, kleiner Seemann!

wann geht's auf große Fahrt?

MATERIAL

* Oberstoff 1: Baumwollstoff in Rot, 20 cm x 35 cm
* Oberstoff 2: Baumwollstoff in Beige, 20 cm x 35 cm
* Futterstoff: Baumwollstoff in Beige, 20 cm x 65 cm
* Vlieseline H 250, 38 cm x 65 cm
* Baumwollschrägband in Blau mit Ankermotiv, 2 cm breit, 64 cm lang
* Kordel in Rot, 150 cm lang
* 12 Ösen, ø 4 mm
* Loch- oder Ösenzange
* farblich passendes Nähgarn

ZUSCHNITT

* Oberstoff 1:
  2x „Rückteil"
  2x „Sohle" (1x doppelt)
* Oberstoff 2: 2x „Vorderteil"
* Futterstoff
  2x „Vorderteil"
  2x „Rückteil"
  2x „Sohle" (1x doppelt)
* Vlieseline
  4x „Vorderteil"
  4x „Rückteil"
  4x „Sohle" (2x doppelt)
* Schrägband, 2x 32 cm
* Kordel, 2x 75 cm

SCHNITTMUSTER-BOGEN 2A

GRUNDANLEITUNG
Schuh Variante 3

1 Alle Teile aus Oberstoff, Futterstoff und Vlieseline zuschneiden. Die Sohlen jeweils 1x in doppelter Stofflage zuschneiden, um zwei spiegelverkehrte Sohlen zu erhalten. Die Zuschnitte aus Vlieseline jeweils auf die linke Seite der entsprechenden Stoffteile bügeln.

2 Je 1 Sohle aus Ober- und Futterstoff l-a-l übereinanderlegen und rundherum mit schmalem Zickzackstich zusammennähen.

3 Je 1 Vorderteil aus Ober- und Futterstoff r-a-r übereinanderlegen und am oberen Rand mit Lasche mit 5 mm NZG zusammensteppen, wie im Schnitt eingezeichnet. Anschließend die NZG um 2 mm kürzen, Teil wenden, Rundungen schön ausformen und bügeln.

4 Je 1 Rückteil aus Ober- und Futterstoff l-a-l übereinander legen und mit Stecknadeln fixieren. An der Oberkante das Schrägband über beide Lagen falten, wie im Schnitt eingezeichnet und das Band knappkantig feststeppen. Die Unterkante bleibt dabei offen.

5 Das entsprechende Papierschnittteil unter die Sohle legen und an der Markierung A eine Stecknadel setzen. Am fertigen Rückteil ebenfalls laut Papierschnittteil an der Pfeilmarkierung eine Nadel einstechen.

6 Die Unterkante des Rückteils r-a-r bündig an die Sohle legen, sodass beide Nadeln genau übereinanderliegen. Eine Nadel entfernen und die andere durch beide Lagen stechen. Ausgehend von der Nadel mit 5 mm NZG die Sohle an den Schuh steppen. Dabei die Rundung in kleinen Abschnitten arbeiten. Die zweite Rundung ebenfalls von der Nadel aus nähen.

7 Das Vorderteil mittig und bündig r-a-r vorne an die Sohle anlegen. Den Abstand zum bereits angenähten Rückteil links und rechts gleichmäßig ausrichten. Dann ausgehend von der vorderen Mitte das Vorderteil mit 5 mm NZG an die Sohle nähen. Dabei das Rückteil unter das Vorderteil klappen und an der überlappenden Stelle durch beide Teile nähen. Anschließend die zweite Rundung ebenfalls von der vorderen Mitte aus nähen.

8 Die NZG rund um die Sohle um 2 mm kürzen und mit einem schmalen engen Zickzack- oder Overlockstich versäubern. Schuh wenden und alle Rundungen schön ausformen. Je 3 Ösen laut Markierung im Schnitt an jeder Schuhseite anbringen und die Kordel einfädeln, an jedem Ende einen Knoten machen. Den 2. Schuh genauso arbeiten.

Schneeflöckchen

für kuschelwarmen Winterspaß

MATERIAL

* Oberstoff: Feincord in Blau mit weißen Pünktchen, 30 cm x 64 cm
* Futterstoff: Teddyplüsch in Beige, 30 cm x 64 cm
* 4 Druckknöpfe
* farblich passendes Nähgarn

ZUSCHNITT

* Oberstoff
  2x „Vorderteil unten"
  2x „Vorderteil oben"
  2x „Sohle" (1x doppelt)
  2x „Ferse" (1x doppelt)

* Futterstoff
  2x „Vorderteil unten"
  2x „Vorderteil oben"
  2x „Sohle" (1x doppelt)
  2x „Ferse" (1x doppelt)

SCHNITTMUSTER-BOGEN 2B

1 Alle Teile aus Ober- und Futterstoff zuschneiden. Die Sohlen und das Teil „Ferse" jeweils 1x in doppelter Stofflage zuschneiden, um jeweils zwei spiegelverkehrte Teile zu erhalten.

2 Die lange Seite eines Teils „Vorderteil oben" aus Oberstoff r-a-r mit 5 mm NZG an die obere schmale Rundung eines Teils „Vorderteil unten" aus Oberstoff nähen, dabei treffen die im Schnitt eingezeichneten Pfeile beider Teile aufeinander.

3 Ein Teil „Ferse" aus Oberstoff mit der geraden Seitenkante (siehe Pfeilmarkierung am Schnittteil „Ferse") r-a-r mit 5 mm NZG an eine lange gerade Seite des zusammengenähten Vorderteils steppen. Darauf achten, dass die Lasche zum späteren Verschließen oben, die Aussparung unten liegt.

4 Die entsprechenden Teile aus Futterstoff ebenso zusammennähen. Dann je 1 Schuhteil aus Ober- und Futterstoff r-a-r zusammenlegen und rundherum mit 5 mm NZG zusammensteppen. Die untere Kante offen lassen. NZG um 2 mm kürzen. Den Schuh wenden und die Ecken schön ausformen.

5 Je 1 Sohle aus Ober- und Futterstoff l-a-l übereinanderlegen und rundherum mit einem engen Zickzack- oder Overlockstich zusammennähen. Am Vorderteil des zusammengenähten Schuhs die Mitte markieren (siehe Pfeilmarkierung im Schnitt). Das entsprechende Papierschnittteil unter die Sohle auflegen und an der Markierung D eine Stecknadel setzen.

6 Schuh und Sohle r-a-r übereinanderlegen, sodass die Nadeln genau aufeinandertreffen. Eine Nadel entfernen und die andere durch beide Lagen stechen. Mit 5 mm NZG die noch offenen Kanten an der Unterseite des Schuhs an die Sohle nähen. An der Stelle, an der der Schuh aufklappbar ist, gibt es eine Überlappung von 2 cm. Hier zuerst den hinteren Schuhteil an die Sohle nähen, dann den vorderen darüberlegen und erneut durch alle Lagen nähen.

7 Den Schuh auf rechts wenden, schön ausformen und die Druckknöpfe am Schuh und an der Lasche anbringen. Den 2. Schuh genauso arbeiten.

Der Kontrast zwischen rustikalem Leinen und knallroten Details ist ein echter Hingucker!

Ganz schön anhänglich!

mit praktischem Klettverschluss

MATERIAL

* Oberstoff: Leinen- stoff in Beige, 20 cm x 50 cm

* Futterstoff: Baum- wollstoff in Rot, 20 cm x 60 cm

* Vlieseline H 250, 30 cm x 60 cm

* Klettband, 1 cm breit, 10 cm lang

* Nähgarn in Rot und Beige

ZUSCHNITT

* Oberstoff
  2x „Rückteil"
  4x „Vorderteil"
  2x „Sohle" (1x doppelt)

* Futterstoff
  2x „Rückteil"
  4x „Riemen"
  2x „Applikation"
  2x „Sohle"(1x doppelt)

* Vlieseline
  4x „Rückteil"
  4x „Vorderteil"
  2x „Applikation"
  4x „Sohle" (2x doppelt)

SCHNITTMUSTER- BOGEN 2B

GRUND- ANLEITUNG
Schuh Variante 3

1 Alle Teile aus Oberstoff, Futterstoff und Vlieseline zu- schneiden. Die Sohlen jeweils 1x in doppelter Stofflage zuschneiden, um zwei spiegelverkehrte Sohlen zu erhalten. Die Zuschnitte aus Vlieseline jeweils auf die linke Seite der entsprechenden Stoffteile bügeln.

2 Je 1 Rückteil aus Ober- und Futterstoff r-a-r übereinan- derlegen. Den oberen Rand wie im Papierschnitt einge- zeichnet 5 mm breit absteppen, sodass die komplette untere Kante als Wendeöffnung bleibt. NZG um 2 mm kürzen und das Teil auf rechts wenden. Alle Rundungen und Ecken schön ausformen und das Teil glattbügeln. Die obere Kante noch- mals 5 mm breit absteppen, die untere Kante weiterhin offen lassen.

3 Je 2 Vorderteile aus Oberstoff r-a-r übereinander legen. Entlang der schmalen oberen Rundung wie im Papierschnitt eingezeichnet mit 5 mm NZG zusammennähen. Die komplette untere Rundung bleibt dabei als Wendeöffnung offen. An- schließend die NZG um 2 mm kürzen und Teil auf rechts wen- den. Alle Rundungen schön ausformen und bügeln. Die obere Rundung nochmals 5 mm breit absteppen, die untere Run- dung bleibt weiterhin offen.

Weiter geht es auf Seite 36

4 Eine Applikation auf die rechte Stoffseite des Vorderteils an der Unterkante bündig anlegen, mit einer Stecknadel fixieren und die obere Rundung der Applikation mit einem engen Zickzackstich festnähen.

5 Je 1 Sohle aus Futter- und Oberstoff l-a-l übereinanderlegen und rundherum mit einem schmalen Zickzackstich zusammennähen. Das Papierschnittteil unter die Sohle legen und bei Markierung A eine Stecknadel stecken. Am Rückteil die hintere Mitte ebenfalls mit einer Nadel markieren.

6 Die Unterkante des Rückteils r-a-r bündig an die Sohle legen, sodass beide Nadeln genau übereinanderliegen. Eine Nadel entfernen und die andere durch beide Lagen stechen. Ausgehend

von der Nadel mit 5 mm NZG die Sohle an den Schuh steppen. Dabei die Rundung in kleinen Schritten arbeiten. Die zweite Rundung ebenfalls von der Nadel aus nähen.

7 Ein Vorderteil r-a-r auf der Sohle zentriert anlegen. Die Seiten des Vorderteils leicht anheben und darauf achten, dass die Applikation zu beiden Seiten gleich viel Abstand hat. Mit einer Stecknadel in der vorderen Mitte fixieren und von dort ausgehend mit 5 mm NZG die Sohle an die vordere Kante des Vorderteils steppen. Dabei wird das bereits angenähte Fersenteil nach innen zum Schuh geklappt, da sich beide Teile am Rand um ein paar cm überlappen. Das Vorderteil bündig über das Fersenteil nähen. Anschließend die zweite Rundung ausgehend von der Nadel nähen. Die Sohle ringsherum mit einem engen Zickzack- oder Overlockstich versäubern. Den kompletten Schuh auf rechts wenden und alle Rundungen schön ausformen.

8 Je 2 Teile „Riemen" r-a-r übereinanderlegen und mit 5 mm NZG rundherum zusammensteppen. Dabei in der Mitte eine Wendeöffnung laut Markie-

rung im Schnitt lassen. NZG rundherum in kleinen Abständen 2 mm einschneiden, damit sich die Rundung schön ausformt. Riemen durch die Wendeöffnung auf rechts wenden und glattbügeln. NZG an der Wendeöffnung nach innen falten und mit einer Nadel fixieren. Dann den Riemen rundherum 3 mm breit absteppen und die Wendeöffnung dabei schließen.

9 Den Riemen an einer Seite des Rückteils laut Markierung im Schnitt annähen. Für den linken Schuh wird er an der rechten Seite angenäht, für den rechten Schuh an der linken. Einen Klettstreifen an der anderen Seite des Riemens anbringen. Das jeweilige Gegenstück zum Klettverschluss auf der anderen Schuhseite befestigen. Den 2. Schuh genauso arbeiten.

Aus verschiedenen Stof-
fen zusammengesetzt
und mit Herzchen und
Zackenlitze verziert, sind
diese Schühchen etwas
ganz besonderes.

Patchwork-Family

perfekt kombiniert

MATERIAL

* Oberstoff 1: Baumwollstoff
  in Rosa mit roten Herzchen,
  20 cm x 25 cm

* Oberstoff 2: Baumwollstoff
  in Hellrosa mit weißen Pünktchen, 20 cm x 35 cm

* Futterstoff: Baumwollstoff
  in Hellrosa, 35 cm x 45 cm

* Vlieseline H 250,
  45 cm x 45 cm

* Zackenlitze in Weiß, 80 cm

* 4 Druckknöpfe

ZUSCHNITT

* Oberstoff 1
  2x „Seite Teil A" (1x doppelt)
  2x „Seite Teil B" (1x doppelt)

* Oberstoff 2
  2x „Seite Teil A" (1x doppelt)
  2x „Seite Teil B" (1x doppelt)
  4x „Riemen"

* Futterstoff
  4x „Seite Futter" (2x doppelt)
  4x „Sohle" (2x doppelt)

* Vlieseline
  8x „Seite Futter" (4x doppelt)
  4x „Sohle" (2x doppelt)

SCHNITTMUSTER-BOGEN 1A

GRUNDANLEITUNG
Schuh Variante 1

1 Alle Seitenteile A und B jeweils 1x in
doppelter Stofflage zuschneiden, um je 2 spiegelverkehrte Teile zu erhalten. Teile „Schuh",
„Sohle" und „Seite Futter" ebenfalls in doppelter Stofflage zuschneiden. Die Riemen ebenfalls zuschneiden. Die Zuschnitte aus Vlieseline
auf die linken Seiten der entsprechenden Stoffteile bügeln.

2 Je 1 Seitenteil A und B aus Oberstoff 1 und
Oberstoff 2 an den im Schnitt mit Pfeilen markierten Stellen r-a-r zusammenlegen und mit
1 cm NZG zusammennähen (= 1 Teil „Schuh").
Die NZG auf der Rückseite auseinanderbügeln.

3 2 Teile „Schuh" aus Oberstoff r a r übereinanderlegen und mit 1 cm NZG die vordere kurze
Naht schließen. Beginnend an der offenen Fersenkante die Zackenlitze mittig auf dem zusammengenähten Schuh aufnähen. Den Schuh mittig r-a-r falten und die offene Fersenkante mit
1 cm NZG zusammennähen. NZG auf der Rückseite auseinanderbügeln.

Weiter geht es auf Seite 39

4 Je 2 Teile „Seite Futter" r-a-r übereinanderlegen und die vordere Naht
und die Fersennaht mit 1 cm NZG
schließen.

5 Das entsprechende Papierschnittteil unter die Sohlenteile legen und an
der Markierung D eine Stecknadel setzen. Einen fertigen Schuh und eine
Sohle aus Oberstoff an der vorderen
Mitte r-a-r übereinanderlegen, sodass
Nadel und Naht genau aufeinandertreffen. Die Teile zusammenstecken
und ausgehend von der vorderen Mitte
den Schuh mit 3 mm NZG an die Sohle
nähen und dabei 3 cm vor der Ferse
stoppen. Die zweite Rundung ebenso
nähen. Die abschließende Fersenrundung in kleinen Abschnitten von der
Ferse ausgehend nähen und die NZG
im Fersenbereich dabei auseinanderklappen.

6 Den Schuh aus Futterstoff genauso, jedoch mit 7 mm NZG zusammennähen, damit der Schuh etwas kleiner
wird und später perfekt in den Oberschuh passt. Dafür die Teile „Seite Futter" in die Teile „Schuh" in Schritt 3
verarbeiten. Seitlich am Schuh bleibt
eine Wendeöffnung von 3 cm. Die NZG

an der Sohle um 4 mm kürzen, dabei
jedoch an der Wendeöffnung die volle
NZG stehen lassen.

7 Schuh aus Futterstoff auf rechts
wenden und in den auf links liegenden Oberschuh hineinstecken, sodass
die oberen offenen Kanten bündig
liegen. Die NZG an der Ferse beider
Schuhe dabei auseinanderklappen
und darauf achten, dass die Nähte
passgenau übereinanderliegen. Dann
beide Schuhe am oberen Rand mit
5 mm NZG zusammensteppen. NZG
um 2 mm kürzen.

8 Den Schuh durchs Futter wenden
und alle Rundungen gut ausformen.
NZG an der Wendeöffnung nach innen
klappen und die Wendeöffnung im
Futterstoff knappkantig schließen oder
von Hand im Matratzenstich unsicht-

bar zunähen. Futterschuh in den Oberschuh einlegen und nochmals alle
Rundungen gut ausformen.

9 Je 2 Teile „Riemen" r-a-r übereinanderlegen und mit 5 mm NZG rundherum zusammennähen, dabei in der
Mitte eine Wendeöffnung lassen. NZG
rundherum in kleinen Abständen 2 mm
einschneiden, damit sich die Rundung
schön ausformt. Den Riemen durch die
Wendeöffnung auf rechts wenden und
glattbügeln. NZG an der Wendeöffnung nach innen stecken und mit einer
Nadel fixieren. Riemen rundherum
3 mm breit absteppen und die Wendeöffnung dabei schließen.

10 Einen Druckknopf an jeder Seite
des Riemens anbringen. Das jeweilige
Gegenstück am Schuh anbringen. Den
2. Schuh genauso arbeiten.

Mein Tipp für Sie

Jungenschuh Verwenden Sie Stoffe in verschiedenen Blautönen, um
einen süßen Schuh für Jungen zu nähen.

Julia Bräunig lebt mit ihrem Freund und ihrer kleinen Tochter in Berlin. Sie hat in Kiel „Multimedia Production" studiert und war fünf Jahre als freiberufliche Webdesignerin tätig. Seit Herbst 2013 widmet sie sich ausschließlich ihrem Blog und dem gleichnamigen Label Kreativlabor Berlin, in dem sie über ihre Nähprojekte berichtet und regelmäßig Nähanleitungen und Schnittmuster veröffentlicht.
Schon seit ihrer Kindheit zählen basteln, fotografieren und kreatives Gestalten zu ihren Lieblingsbeschäftigungen. Nach der Geburt ihrer Tochter hat sich Julia das Nähen selbst beigebracht und näht nun in jeder freien Minute.
www.kreativlaborberlin.de

DANKE!

Wir danken den Firmen Westfalenstoffe AG, www.westfalenstoffe.de und Freudenberg & Co. KG, www. freudenberg.de für die Unterstützung bei der Erstellung dieses Buches.

TOPP – Unsere Servicegarantie

WIR SIND FÜR SIE DA! Bei Fragen zu unserem umfangreichen Programm oder Anregungen freuen wir uns über Ihren Anruf oder Ihre Post. Loben Sie uns, aber scheuen Sie sich auch nicht, Ihre Kritik mitzuteilen – sie hilft uns, ständig besser zu werden.

Bei Fragen zu einzelnen Materialien oder Techniken wenden Sie sich bitte an unseren Kreativservice, Frau Erika Noll.
    mail@kreativ-service.info
    Telefon 0 50 52 / 91 18 58

Das Produktmanagement erreichen Sie unter:
    pm@frechverlag.de
    oder:
    frechverlag
    Produktmanagement
    Turbinenstraße 7
    70499 Stuttgart
    Telefon 07 11 / 8 30 86 68

LERNEN SIE UNS BESSER KENNEN! Fragen Sie Ihren Hobbyfach- oder Buchhändler nach unserem kostenlosen Magazin **Meine kreative Welt**. Darin entdecken Sie dreimal im Jahr die neuesten Kreativtrends und interessantesten Buchneuheiten.

Oder besuchen Sie uns im Internet! Unter **www.topp-kreativ.de** können Sie sich über unser umfangreiches Buchprogramm informieren, unsere Autoren kennenlernen sowie aktuelle Highlights und neue Kreativtechniken entdecken, kurz – die ganze Welt der Kreativität.

Kreativ immer up to date sind Sie mit unserem monatlichen **Newsletter** mit den aktuellsten News aus dem frechverlag, Gratis-Anleitungen und attraktiven Gewinnspielen.

IMPRESSUM

FOTOS: frechverlag GmbH, 70499 Stuttgart; Julia Bräunig, Berlin
PRODUKTMANAGEMENT UND LEKTORAT: Miriam Heil
GESTALTUNG: Petra Theilfarth
DRUCK: frechdruck GmbH, 70499 Stuttgart   PRINTED IN GERMANY

1. Auflage 2014

© 2014 **frechverlag** GmbH, 70499 Stuttgart

ISBN 978-3-7724-6930-5 • Best.-Nr. 6930